Einführung

Muss ich ein Komma setzen? Wie ist der Satz aufgebaut? Ist es nun ein Hauptsatz und ein Nebensatz oder handelt es sich um zwei Hauptsätze, die miteinander in einer Satzreihe verbunden sind?

Das Feldermodell eignet sich besonders, um die Satzstruktur des Deutschen aufzuzeigen. So lässt sich anhand der Position des Verbs sagen, ob es sich bei dem untersuchten Satz um einen Verberst-, Verbzweit- oder Verbletztsatz handelt. Diese Einordnung unterstützt dabei, weitere Strukturen besser zu erkennen.

An der Satzform lässt sich die Satzart erkennen: Ist es ein Aussagesatz, ein Fragesatz oder ein Aufforderungssatz? Außerdem wird mit dem Satzbau deutlich, ob es ein einfacher Hauptsatz mit nur einem Prädikat, ein Satzgefüge oder eine Satzreihe mit mehreren Prädikaten ist.

Wenn also die Prädikatposition erfasst ist, kann leicht festgestellt werden, ob ein Haupt-/Nebensatzgefüge oder zwei Hauptsätze als Satzreihe vorliegen. Damit lässt sich auch sehr anschaulich die Kommasetzung erklären, denn jedes Prädikat braucht einen eigenen Satz, der deshalb mit Komma vom nächsten getrennt werden muss.

Der Begriff **Verb** bezeichnet die *Wortart*, der Begriff **Prädikat** bezeichnet die *Funktion*, die ein Verb im Satz einnimmt. Das Verb dient als Prädikat des Satzes. Deswegen wird im Folgenden auch von einem Prädikat gesprochen.

Ich lerne etwas über das Feldermodell.

Erklärung der verwendeten Abkürzungen:

- Koordinationsfeld: **KF**
- Vorfeld: **VF**
- Linke Satzklammer: **LSK**
- Mittelfeld: **MF**
- Rechte Satzklammer: **RSK**
- Nachfeld: **NF**

Zum Aufbau des Trainingshefts

Das Trainingsheft eignet sich zur Wiederholung und Vertiefung des Feldermodells. Es ist in drei Schwierigkeitslevel aufgebaut und eignet sich zum Einsatz in der Schule, kann aber auch zum Selbststudium genutzt werden. Das Grundprinzip des Feldermodells sollte jedoch bereits bekannt sein, um die Aufgaben erfolgreich bearbeiten zu können. Jedes Level beginnt mit einer Übersicht und endet mit den Lösungen zu den Übungen. Zu allen Level gibt es Hinweise für die Bearbeitung und Tipps bei den Lösungen.

Der Einsatz von *Level 1: Einfache Sätze* und *Level 2: Satzgefüge* kann bereits ab Klasse 5 erfolgen. Leistungsstarke Schülerinnen und Schüler der 5. Klasse können also auch Übungen im Level 2 erfolgreich bearbeiten.

Es empfiehlt sich, davor die zentrale Rolle des Verbs als Prädikat im Satz geklärt zu haben und Sätze zunächst nach ihren Prädikaten zu kennzeichnen. In der Lösung wurde die Farbe Gelb zur Kenntlichmachung des Prädikats gewählt. Diese Farbe sollte auch für das Feldermodell bei der LSK und RSK übernommen werden.

Weiterhin kann das *Level 2: Satzgefüge mit Subjunktionen und weiteren Nebensatzarten* ab Klasse 7 vertieft werden sowie *Level 3: Satzreihe mit Konjunktionen* angewendet werden.

Klasse 5
Einfache Sätze mit einfachen Satzgefügen

Klasse 7
Satzgefüge mit Subjunktionen und weitere Nebensatzarten

Klasse 9
Satzreihe mit Konjunktionen

Der Trick mit den VERBEN im FELDERMODELL

Einfache Hauptsätze

Die Position des Verbs als Prädikat verrät, ob es ein Aussagesatz oder ein Fragesatz ist.

Koordinationsfeld KF	Vorfeld VF	Linke Satzklammer LSK (Hier stehen Prädikate im Aussagesatz = Verbzweitsatz oder Fragesatz = Verberstsatz.)	Mittelfeld MF	Rechte Satzklammer RSK (Bei zweigeteilten Prädikaten steht hier der zweite Teil des Prädikats.)	Nachfeld NF
	Er	kann	heute nicht in die Schule	kommen.	
		Hast	du schon ein Geschenk?		

Sortiere diese Sätze in die Spalten des Feldermodells ein:

Er kann heute nicht in die Schule kommen.
Hast du schon ein Geschenk?

Im Hauptsatz steht das Prädikat an zweiter Satzgliedstelle, wenn es ein Aussagesatz ist = Verbzweitsatz = Hauptsatz.

Manche Fragesätze schieben ? Prädikate an die erste Stelle im Satz = Verberstsatz = Hauptsatz.

Übungen für das Feldermodell – Einfache Sätze

Aufgabe 1

a) Markiere in den folgenden fünf Sätzen die **Prädikate** gelb.

1. Nur die Harten kommen in den Garten.
2. Ohne dich ist alles doof.
3. Auf wen müssen wir noch warten?
4. Warte auf mich!
5. Wartet auf mich eine Überraschung?
6. Heute hat sie besser mitgemacht als beim letzten Mal.

Suche in jedem Satz zunächst das Prädikat. Wo steht es? Markiere es **gelb**.

Bei einem **einfachen Aussagesatz** steht das Verb als Prädikat stets an **zweiter** Satzgliedstelle = Verb**zweit**satz.

Beachte: Zweigeteilte Prädikate bilden eine Satzklammer, weshalb der erste Teil in die linke Satzklammer und der zweite Teil des Prädikats in die rechte Satzklammer eingetragen wird.

Bei **Fragesätzen** kann das Prädikat an **erster** Stelle im Satz stehen = Verb**erst**satz.

LEVEL 1

b) Trage nun die Sätze von Aufgabe 1 a) in das Feldermodell ein. Mache von Satz 2 auch die Umstellprobe.

	Koordinationsfeld KF	Vorfeld VF	Linke Satzklammer LSK	Mittelfeld MF	Rechte Satzklammer RSK	Nachfeld NF
1.		*Nur die Harten*	***kommen***	*in den Garten.*		
Umstell-probe		*In den Garten*	***kommen***	*nur die Harten.*		
2.						
Umstell-probe						
3.						
4.						
5.						
6.						

LEVEL 1

Aufgabe 2

a) Markiere zunächst die **Prädikate** gelb.
Beachte, dass manche Prädikate eine Satzklammer bilden.

Wenn du dir nicht sicher bist, mache auch hier die Umstellprobe.

Du wirst feststellen, dass das Prädikat nur bei Aussagesätzen an zweiter Stelle bleibt, beziehungsweise dort beginnt.

1. Im Sommer gehen wir gerne baden.
2. Ich habe den Bus verpasst.
3. Kannst du mich bitte abholen?
4. Susi spielt gerne mit ihrem Hund.
5. Hast du schon die Neuigkeiten gehört?
6. Ich wünsche mir eine Geburtstagsfeier.
7. Hoffentlich kommen alle!
8. Verstehst du mich nicht?
9. Lisa trifft sich mit ihrer Freundin Tina.
10. Morgen soll es nun doch regnen.
11. Letztes Jahr waren wir in Sardinien gewesen.
12. Nächstes Jahr werden wir nach Dänemark fahren.
13. Fährst du auch weg?

LEVEL 1

b) Trage nun die Sätze von Aufgabe 2 a) in das Feldermodell ein.

	KF	VF	LSK	MF	RSK	NF
1.		*Im Sommer*	***gehen***	*wir gerne*	***baden**.*	
2.						
3.						
4.						
5.						
6.						

LEVEL 1

	KF	VF	LSK	MF	RSK	NF
7.						
8.						
9.						
10.						
11.						
12.						
13.						

LÖSUNG: Übungen für das Feldermodell – Einfache Sätze

Aufgabe 1

a)

1. Nur die Harten **kommen** in den Garten.
2. Ohne dich **ist** alles doof.
3. Auf wen **müssen** wir noch **warten**?
4. **Warte** auf mich!
5. **Wartet** auf mich eine Überraschung?
6. Heute **hat** sie besser **mitgemacht** als beim letzten Mal.

Hinweis: Zweigeteilte Prädikate bilden die Satzklammer, sie besetzen also die LSK und RSK. Das Nachfeld des Feldermodells wird eher selten für nachgestellte Satzglieder, Ergänzungen und Nachschübe nach dem Prädikat in der RSK gebraucht.
Zum Beispiel in der Zeile 6 der Tabelle:
... als beim letzten Mal.

b)

	KF	VF	LSK	MF	RSK	NF
1.		*Nur die Harten*	***kommen***	*in den Garten.*		
Umstell-probe		*In den Garten*	***kommen***	*nur die Harten.*		
2.		*Ohne dich*	***ist***	*alles doof.*		
Umstell-probe		*Alles*	***ist***	*doof ohne dich.*		
3.		*Auf wen*	***müssen***	*wir noch*	***warten****?*	
4.			***Warte***	*auf mich!*		
5.			***Wartet***	*auf mich eine Überraschung?*		
6.		*Heute*	***hat***	*sie besser*	***mitgemacht***	*als beim letzten Mal.*

Aufgabe 2

a) und b)

	KF	VF	LSK	MF	RSK	NF
1.		*Im Sommer*	***gehen***	*wir gerne*	***baden****.*	
2.		*Ich*	***habe***	*den Bus*	***verpasst****.*	
3.			***Kannst***	*du mich bitte*	***abholen****?*	
4.		*Susi*	***spielt***	*gerne mit ihrem Hund.*		
5.			***Hast***	*du schon die Neuigkeiten*	***gehört****?*	
6.		*Ich*	***wünsche***	*mir eine Geburtstagsfeier.*		
7.		*Hoffentlich*	***kommen***	*alle!*		
8.			***Verstehst***	*du mich nicht?*		
9.		*Lisa*	***trifft***	*sich mit ihrer Freundin Tina.*		
10.		*Morgen*	***soll***	*es nun doch*	***regnen****.*	
11.		*Letztes Jahr*	***waren***	*wir in Sardinien*	***gewesen****.*	
12.		*Nächstes Jahr*	***werden***	*wir nach Dänemark*	***fahren****.*	
13.			***Fährst***	*du auch*	***weg****?*	

Der Trick mit den VERBEN im FELDERMODELL

Das SATZGEFÜGE

besteht aus Hauptsatz und mindestens einem Nebensatz.

Die Position der Prädikate verrät, wo der Hauptsatz und der Nebensatz sind.

Koordinationsfeld KF	Vorfeld VF	Linke Satzklammer LSK Hier stehen nur Prädikate im Hauptsatz = Verbzweitsatz oder Subjunktionen.	Mittelfeld MF	Rechte Satzklammer RSK Hier stehen mehrteilige Prädikate des Hauptsatzes und das Prädikat des Nebensatzes = Verbletztsatzes.	Nachfeld NF
	Er	kann	heute nicht in die Schule	kommen,	
		weil	er krank	ist.	

Sortiere diesen Satz in die Spalten des Feldermodells ein:

Er kann heute nicht in die Schule kommen, weil er krank ist.

Im Hauptsatz steht das Prädikat an zweiter Stelle = Verbzweitsatz.

SUBJUNKTIONEN „kicken“ Verben an die letzte Stelle im Satz = Verbletztsatz = Nebensatz.

LEVEL 2

Übungen für das Feldermodell – Satzgefüge

➲ **Aufgabe 1**

a) Markiere die **Prädikate** gelb und die **Subjunktionen** orange.
b) Setze dann die fehlenden Kommas in die Sätze ein.

1. Meine Katze kann jeder streicheln, weil sie nichts tut.
2. Tina glaubt dass nichts sie erschüttern kann.
3. Luisa ruft ihre Oma an da diese Geburtstag hat.
4. Man sagt dass Übung den Meister macht.

Suche in jedem Satz zunächst das Prädikat. Wo steht es? Markiere es **gelb**.

Bei einem **Satzgefüge** steht das Prädikat des Hauptsatzes stets an **zweiter** Stelle = Verb**zweit**satz, das Prädikat des Nebensatzes steht jedoch immer an **letzter** Stelle = Verb**letzt**satz.
Beachte: Der Nebensatz wird durch eine Subjunktion eingeleitet, sie kickt das Prädikat an die letzte Stelle des Satzes.

Der Nebensatz wird vom Hauptsatz durch das Komma getrennt.
Dieses steht bei nachgestellten Nebensätzen immer vor der Subjunktion.
Für den Nebensatz nimmst du immer eine neue Zeile.

LEVEL 2

c) Trage die Sätze von Aufgabe 1 a) und b) in das Feldermodell ein. Mache von Satz 3 und Satz 4 die Umstellprobe.

	KF	VF	LSK	MF	RSK	NF
1.		*Meine Katze*	***kann***	*jeder*	***streicheln,***	
			weil	*sie nichts*	***tut*.**	
2.						
3.						
Umstellprobe						
4.						
Umstellprobe						

➲ Aufgabe 2 – Satzgefüge mit Subjunktionen

a) Markiere die **Prädikate** gelb und die **Subjunktionen** orange.
b) Setze dann die fehlenden Kommas in die Sätze ein.

Beachte, dass einige Prädikate eine Satzklammer bilden.
Die Position der Prädikate zeigt dir an, was der Haupt-und der Nebensatz ist.

Wenn du dir nicht sicher bist, mache auch hier die Umstellprobe.

1. Im Sommer gehen wir gerne baden weil es so schön warm ist.
2. Ich habe den Bus verpasst da ich zu spät losgegangen bin.
3. Kannst du mich bitte abholen wenn ich dich anrufe?
4. Susi spielt gerne mit ihrem Hund da er so freundlich ist.
5. Hast du schon die Neuigkeit gehört dass sie nicht kommt?
6. Ich wünsche mir eine Geburtstagsfeier weil die letzte ausfallen musste.
7. Hoffentlich kommen alle da ich sie schon lange nicht mehr gesehen habe.
8. Du verstehst mich nicht obwohl ich dir das erklärt habe.
9. Lisa trifft sich mit ihrer Freundin Tina da sie ins Kino wollen.
10. Morgen soll es nun doch regnen sodass wir nicht Rad fahren werden.
11. Letztes Jahr waren wir in Sardinien gewesen da wir das schon lange machen wollten.
12. Nächstes Jahr werden wir nach Dänemark fahren weil wir etwas Neues sehen wollen.
13. Ich fahre jetzt auch weg da endlich Ferien sind.

LEVEL 2

c) Trage die Sätze von Aufgabe 2 a) und b) in das Feldermodell ein.

	KF	VF	LSK	MF	RSK	NF
1.						
2.						
3.						
4.						
5.						
6.						

LEVEL 2

	KF	VF	LSK	MF	RSK	NF
7.						
8.						
9.						
10.						
11.						
12.						
13.						

➲ Aufgabe 3 – Satzgefüge mit Relativsätzen, Infinitivsätzen und Partizipialsätzen

a) Markiere die **Prädikate** gelb. Beachte, dass einige Prädikate eine Satzklammer bilden.
b) Setze dann die fehlenden Kommas in die Sätze ein.
Überlege: Manche kannst du setzen, sie sind aber nicht verpflichtend.

1. Das Auto das an der Ampel stand hörte sich seltsam an.
2. Die Wünsche die das Kind äußerte waren bescheiden.
3. Sie schaut nach dem Essen das auf dem Herd steht.
4. Er hatte den Einfall ins Kino zu gehen.
5. Mutter hat den Wunsch geäußert Weihnachten mit der Familie zu feiern.
6. Das Buch in der linken Hand haltend deckte Tim mit rechts den Tisch.
7. Sie hatte nicht die Absicht ihn zu kränken.
8. Sie rief ihn an um sich seiner Zustimmung sicher zu sein.
9. Vor Begeisterung tobend rannte sie auf ihn zu.
10. Das Rufen nicht weiter beachtend rannte er auf sie zu.

Neben **Subjunktionalsätzen** können auch **Relativsätze** und **Infinitivsätze** sehr gut in das Feldermodell eingeordnet werden, ebenso der **Partizipialsatz**.

Auch hier „kicken“ manchmal Signalwörter das Prädikat an die letzte Stelle = Verbletztsatz.

Kurze Wiederholung:

- Ein Relativsatz ist ein Nebensatz, der durch ein Relativpronomen wie *der, die, das, welcher, welche, welches* oder ein Relativadverb eingeleitet wird und ein Nomen näher beschreibt.

  Das Sofa, das in der Ecke stand, sah gemütlich aus.

- Ein Infinitivsatz wird mit *zu* + Infinitiv gebildet.

  Er überlegte, ein Nickerchen zu machen.

- Ein Partizipialsatz bezieht sich auf das Subjekt des Hauptsatzes und wird mit Partizip I oder II gebildet.

  Herzhaft gähnend(,) griff er zur Kaffeetasse.

c) Trage die Sätze von Aufgabe 3 a) und b) in das Feldermodell ein.

	KF	VF	LSK	MF	RSK	NF
1.						
2.						
3.						
4.						
5.						

LEVEL 2

	KF	VF	LSK	MF	RSK	NF
6.						
7.						
8.						
9.						
10.						

LEVEL 2

LÖSUNG: Übungen für das Feldermodell – Satzgefüge

Hinweis: Achte auf mehrteilige Prädikate. Diese bilden eine Satzklammer zwischen der LSK und der RSK.

Mehrteilig können Prädikate sein durch

- Modalverben plus Verb: *kann ... streicheln*
- trennbare Verben: *ruft ... an*
- Verben in Zeitformen mit Modalverben: *habe ... verpasst.*

Aufgabe 1

a) und b)

1. Meine Katze kann jeder streicheln, weil sie nichts tut.
2. Tina glaubt, dass nichts sie erschüttern kann.
3. Luisa ruft ihre Oma an, da diese Geburtstag hat.
4. Man sagt, dass Übung den Meister macht.

c)

	KF	VF	LSK	MF	RSK	NF
1.		*Meine Katze*	***kann***	*jeder*	***streicheln,***	
			weil	*sie nichts*	***tut.***	
2.		*Tina*	***glaubt,***			
			dass	*nichts sie*	***erschüttern kann.***	
3.		*Luisa*	***ruft***	*ihre Oma*	***an,***	
			da	*diese Geburtstag*	***hat.***	
Umstell-probe			***Da***	*diese Geburtstag*	***hat,***	
			ruft	*Luisa ihre Oma*	***an.***	
4.		*Man*	***sagt,***			
			dass	*Übung den Meister*	***macht.***	
Umstell-probe			***Dass***	*Übung den Meister*	***macht,***	
			sagt	*man.*		

Aufgabe 2

a) und b)

1. Im Sommer gehen wir gerne baden, weil es so schön warm ist.
2. Ich habe den Bus verpasst, da ich zu spät losgegangen bin.
3. Kannst du mich bitte abholen, wenn ich dich anrufe?
4. Susi spielt gerne mit ihrem Hund, da er so freundlich ist.
5. Hast du schon die Neuigkeit gehört, dass sie nicht kommt?
6. Ich wünsche mir eine Geburtstagsfeier, weil die letzte ausfallen musste.
7. Hoffentlich kommen alle, da ich sie schon lange nicht mehr gesehen habe.
8. Du verstehst mich nicht, obwohl ich dir das erklärt habe.
9. Lisa trifft sich mit ihrer Freundin Tina, da sie ins Kino wollen.
10. Morgen soll es nun doch regnen, sodass wir nicht Rad fahren werden.
11. Letztes Jahr waren wir in Sardinien gewesen, da wir das schon lange machen wollten.
12. Nächstes Jahr werden wir nach Dänemark fahren, weil wir etwas Neues sehen wollen.
13. Ich fahre jetzt auch weg, da endlich Ferien sind.

LEVEL 2

c)

	KF	VF	LSK	MF	RSK	NF
1.		*Im Sommer*	***gehen***	*wir gerne*	***baden**,*	
			weil	*es so schön warm*	***ist**.*	
2.		*Ich*	***habe***	*den Bus*	***verpasst**,*	
			da	*ich zu spät*	***losgegangen bin**.*	
3.			***Kannst***	*du mich bitte*	***abholen**,*	
			wenn	*ich dich*	***anrufe**?*	
4.		*Susi*	***spielt***	*gerne mit ihrem Hund,*		
			da	*er so freundlich*	***ist**.*	
5.			***Hast***	*du schon die Neuigkeit*	***gehört**,*	
			dass	*sie nicht*	***kommt**?*	
6.		*Ich*	***wünsche***	*mir eine Geburtstagsfeier,*		
			weil	*die letzte ausfallen*	***musste**.*	
7.		*Hoffentlich*	***kommen***	*alle,*		
			da	*ich sie schon lange nicht mehr*	***gesehen habe**.*	
8.		*Du*	***verstehst***	*mich nicht,*		
			obwohl	*ich dir das*	***erklärt habe**.*	
9.		*Lisa*	***trifft***	*sich mit ihrer Freundin Tina,*		
			da	*sie ins Kino*	***wollen**.*	
10.		*Morgen*	***soll***	*es nun doch*	***regnen**,*	
			sodass	*wir nicht Rad*	***fahren werden**.*	
11.		*Letztes Jahr*	***waren***	*wir in Sardinien*	***gewesen**,*	
			da	*wir das schon lange*	***machen wollten**.*	
12.		*Nächstes Jahr*	***werden***	*wir nach Dänemark*	***fahren**,*	
			weil	*wir etwas Neues*	***sehen wollen**.*	
13.		*Ich*	***fahre***	*jetzt auch*	***weg**,*	
			da	*endlich Ferien*	***sind**.*	

LEVEL 2

LÖSUNG

Aufgabe 3

a), b) und c)

	KF	VF	LSK	MF	RSK	NF
1.		*Das Auto,*	***das***	*an der Ampel*	***stand,***	
			hörte	*sich seltsam*	***an.***	
2.		*Die Wünsche,*	***die***	*das Kind*	***äußerte,***	
			waren	*bescheiden.*		
3.		*Sie*	***schaut***	*nach dem Essen,*		
			das	*auf dem Herd*	***steht.***	
4.		*Er*	***hatte***	*den Einfall,*		
				ins Kino	***zu gehen.***	
5.		*Mutter*	***hat***	*den Wunsch*	***geäußert,***	
				Weihnachten mit der Familie	***zu feiern.***	
6.				*Das Buch in der linken Hand*	***haltend(,)***	
			deckte	*Tim mit rechts den Tisch.*		
7.		*Sie*	***hatte***	*nicht die Absicht,*		
				ihn	***zu kränken.***	
8.		*Sie*	***rief***	*ihn*	***an,***	
			um	*sich seiner Zustimmung sicher*	***zu sein.***	
9.				*Vor Begeisterung*	***tobend(,)***	
			rannte	*sie auf ihn*	***zu.***	
10.				*Das Rufen nicht weiter*	***beachtend(,)***	
			rannte	*er auf sie*	***zu.***	

Der Trick mit den VERBEN im FELDERMODELL

Die SATZREIHE

besteht aus mehreren Hauptsätzen.

Die Position der Prädikate verrät, dass es sich um Hauptsätze handelt.

Koordinationsfeld KF	Vorfeld VF	Linke Satzklammer LSK Hier stehen nur Prädikate im Hauptsatz als Verbzweitsatz oder Verberstsatz.	Mittelfeld MF	Rechte Satzklammer RSK Hier stehen mehrteilige Prädikate oder Verben in zusammengesetzten Zeitformen.	Nachfeld NF
	Er	kann	heute nicht in die Schule	kommen	
und		wird	morgen noch krank	sein.	

Sortiere diesen Satz in die Spalten des Feldermodells ein:

Er kann heute nicht in die Schule kommen und wird morgen noch krank sein.

Im Hauptsatz steht das Prädikat meist an zweiter Stelle = Verbzweitsatz oder an erster Stelle = Verberstsatz (Fragesatz).

KONJUNKTIONEN verbinden + Hauptsätze miteinander. Sie stehen im Koordinationsfeld.

LEVEL 3

Übungen für das Feldermodell – Satzreihe

➲ Aufgabe 1

a) Suche in jedem Satz zunächst das **Prädikat**. Wo steht es? Markiere es gelb.
b) Nun markiere die **Konjunktionen** lila.
c) Setze dann die fehlenden Kommas in die Sätze ein. Achtung! Nicht in allen Sätzen fehlen Kommas (siehe Kasten).

1. Meine Katze kann jeder streicheln denn sie tut niemandem etwas.
2. Tina ist unerschrocken und glaubt an das Gute der Menschen.
3. Luisa spart ihr Taschengeld denn sie will im Sommer verreisen.
4. Martin reist nicht nach England sondern fliegt stattdessen nach Spanien.
5. Das Feldermodell wird in der Mittelstufe behandelt und steht so im Bildungsplan.

Bei einer Satzreihe stehen die Prädikate der **Hauptsätze** stets an **zweiter** Stelle = es sind also **beides** Verb**zweit**sätze.

Beachte: Zwei Hauptsätze werden meist mit einer **Konjunktion** verbunden. Diese schreibst du ins **Koordinationsfeld**. Jetzt weißt du endlich, warum es dieses Feld im Feldermodell gibt!
Oft bleibt danach das Vorfeld des angereihten Hauptsatzes unbesetzt.

Die meisten Konjunktionen erfordern ein Komma.
Ausnahmen sind:
und, oder , sowie, sowohl ... als auch, entweder ... oder

LEVEL 3

d) Trage die Sätze von Aufgabe 1 a), b) und c) in das Feldermodell ein.

	KF	VF	LSK	MF	RSK	NF
1.		*Meine Katze*	*kann*	*jeder*	*streicheln,*	
	denn	*sie*	*tut*	*niemandem etwas.*		
2.						
3.						
4.						
5.						

LEVEL 3

Aufgabe 2 – Satzreihe

a) Markiere zunächst die **Prädikate** gelb. Beachte, dass einige Prädikate eine Satzklammer bilden.
b) Nun markiere die **Konjunktionen** lila.
c) Setze dann die fehlenden Kommas in die Sätze ein.

1. Im Sommer gehen wir gerne baden jedoch regnet es sehr oft.
2. Ich habe den Bus verpasst denn ich bin zu spät losgegangen.
3. Susi spielt gerne mit ihrem Hund aber sie hat nicht immer Zeit.
4. Hast du schon die Neuigkeiten gehört beziehungsweise hast du sie mitbekommen?
5. Ich wünsche mir eine Geburtstagsfeier denn die letzte musste krankheitsbedingt ausfallen.
6. Hoffentlich kommen alle doch vermutlich werden nicht alle erscheinen.
7. Du verstehst mich nicht doch ich erkläre es dir gerne noch einmal.
8. Lisa trifft sich mit ihrer Freundin Tina denn sie wollen ins Kino.
9. Morgen soll es nun doch regnen und wir werden nicht Rad fahren.
10. Letztes Jahr waren wir in Sardinien gewesen denn wir wollten das schon lange machen.
11. Nächstes Jahr werden wir nach Dänemark fahren doch wir haben dort noch nie Urlaub gemacht.
12. Ich fahre jetzt auch weg denn es sind endlich Ferien.

Wenn du dir nicht sicher bist, mache auch hier die Umstellprobe.

Du wirst feststellen, dass das Prädikat des Hauptsatzes an zweiter Stelle bleibt beziehungsweise dort beginnt = Verbzweitsatz.
Für den zweiten Hauptsatz gilt dies auch.

LEVEL 3

d) Trage die Sätze von Aufgabe 2 a), b) und c) in das Feldermodell ein.

	KF	VF	LSK	MF	RSK	NF
1.						
2.						
3.						
4.						

	KF	VF	LSK	MF	RSK	NF
5.						
6.						
7.						
8.						

LEVEL 3

	KF	VF	LSK	MF	RSK	NF
9.						
10.						
11.						
12.						

LÖSUNG: Übungen für das Feldermodell – Satzreihe

Aufgabe 1

a), b) und c)

1. Meine Katze kann jeder streicheln, denn sie tut niemandem etwas.
2. Tina ist unerschrocken und glaubt an das Gute der Menschen.
3. Luisa spart ihr Taschengeld, denn sie will im Sommer verreisen.
4. Martin reist nicht nach England, sondern fliegt stattdessen nach Spanien.
5. Das Feldermodell wird in der Mittelstufe behandelt und steht so im Bildungsplan.

d)

	KF	VF	LSK	MF	RSK	NF
1.		*Meine Katze*	***kann***	*jeder*	***streicheln,***	
	denn	*sie*	***tut***	*niemandem etwas.*		
2.		*Tina*	***ist***	*unerschrocken*		
	und		***glaubt***	*an das Gute der Menschen.*		
3.		*Luisa*	***spart***	*ihr Taschengeld,*		
	denn	*sie*	***will***	*im Sommer*	***verreisen.***	
4.		*Martin*	***reist***	*nicht nach England,*		
	sondern		***fliegt***	*stattdessen nach Spanien.*		
5.		*Das Feldermodell*	***wird***	*in der Mittelstufe*	***behandelt***	
	und		***steht***	*so im Bildungsplan.*		

Aufgabe 2 – Satzreihe

a), b) und c)

1. Im Sommer gehen wir gerne baden, jedoch regnet es sehr oft.
2. Ich habe den Bus verpasst, denn ich bin zu spät losgegangen.
3. Susi spielt gerne mit ihrem Hund, aber sie hat nicht immer Zeit.
4. Hast du schon die Neuigkeiten gehört(,) beziehungsweise hast du sie mitbekommen?
5. Ich wünsche mir eine Geburtstagsfeier, denn die letzte musste krankheitsbedingt ausfallen.
6. Hoffentlich kommen alle, doch vermutlich werden nicht alle erscheinen.
7. Du verstehst mich nicht, doch ich erkläre es dir gerne noch einmal.
8. Lisa trifft sich mit ihrer Freundin Tina, denn sie wollen ins Kino.
9. Morgen soll es nun doch regnen und wir werden nicht Rad fahren.
10. Letztes Jahr waren wir in Sardinien gewesen, denn wir wollten das schon lange machen.
11. Nächstes Jahr werden wir nach Dänemark fahren, doch wir haben dort noch nie Urlaub gemacht.
12. Ich fahre jetzt auch weg, denn es sind endlich Ferien.

LEVEL 3

LÖSUNG

d)

	KF	VF	LSK	MF	RSK	NF
1.		*Im Sommer*	***gehen***	*wir gerne*	***baden*,**	
	jedoch		***regnet***	*es sehr oft.*		
2.		*Ich*	***habe***	*den Bus*	***verpasst*,**	
	denn	*ich*	***bin***	*zu spät*	***losgegangen*.**	
3.		*Susi*	***spielt***	*gerne mit ihrem Hund*,		
	aber	*sie*	***hat***	*nicht immer Zeit.*		
4.			***Hast***	*du schon die Neuigkeiten gehört (,)*		
	beziehungsweise		***hast***	*du sie*	***mitbekommen*?**	
5.		*Ich*	***wünsche***	*mir eine Geburtstagsfeier*,		
	denn	*die letzte*	***musste***	*krankheitsbedingt*	***ausfallen*.**	
6.		*Hoffentlich*	***kommen***	*alle*,		
	doch	*vermutlich*	***werden***	*nicht alle*	***erscheinen*.**	

LEVEL 3

	KF	VF	LSK	MF	RSK	NF
7.		*Du*	***verstehst***	*mich nicht,*		
	doch	*ich*	***erkläre***	*es dir gern noch einmal.*		
8.		*Lisa*	***trifft***	*sich mit ihrer Freundin Tina,*		
	denn	*sie*	***wollen***	*ins Kino.*		
9.		*Morgen*	***soll***	*es nun doch*	***regnen***	
	und	*wir*	***werden***	*nicht Rad*	***fahren****.*	
10.		*Letztes Jahr*	***waren***	*wir in Sardinien*	***gewesen****,*	
	denn	*wir*	***wollten***	*das schon lange*	***machen****.*	
11.		*Nächstes Jahr*	***werden***	*wir nach Dänemark*	***fahren****,*	
	doch	*wir*	***haben***	*dort noch nie Urlaub*	***gemacht****.*	
12.		*Ich*	***fahre***	*jetzt auch*	***weg****,*	
	denn	*es*	***sind***	*endlich Ferien.*		

KF	VF	LSK	MF	RSK	NF

Ergänzung zum Trainingsheft – der Riesenspickzettel für das Klassenzimmer

Der Trick mit den Verben im Feldermodell als Plakatset

Die Übersichten zu den in diesem Trainingsheft bearbeiteten drei Leveln gibt es auch als Plakatset zum Nachschauen und Erinnern.
Anhand von ein bis zwei in das Feldermodell eingeteilten Beispielsätzen werden Satzstrukturen und Regeln für die Besetzung der Felder erklärt.
Die liebevoll gestalteten und anschaulichen Plakate sind im Format DIN A1 (59,4 cm x 84,1 cm) angelegt und auf robustem Papier gedruckt. Für eine bestmögliche Ansicht werden sie nicht gefaltet, sondern gerollt in einer Posterrolle geliefert.

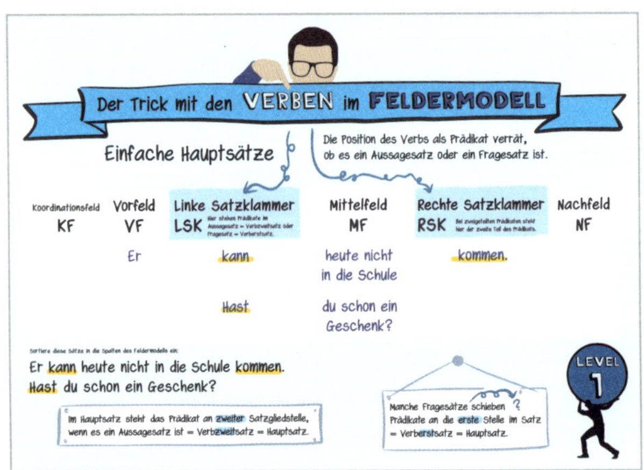

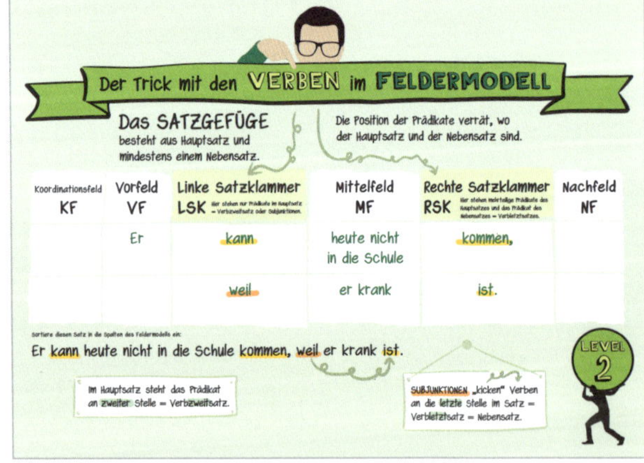

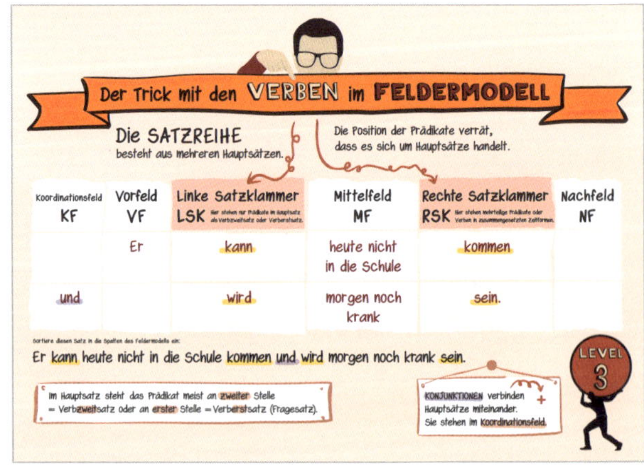

Silke Küsters
Plakatset
Der Trick mit den Verben im Feldermodell
3 Plakate, DIN A1, gerollt
EAN 0798190126173

Bestell-Nr. PlakatsetFeldermodell